Jean Jaurès

Poèmes

Poèmes

ISBN : 978-3-96787-952-0

10 9 8 7 6 5 4 3 2 1

Jean Jaurès

Poèmes

Poèmes

Table de Matières

Comme un rêve

Bien souvent, dans la contemplation et la rêverie, nous jouissons de l'univers sans lui demander ses comptes ; nous aspirons la vie enivrante de la terre avec une irréflexion absolue, et la nuit étoilée et grandiose n'est plus bientôt, pour notre âme qui s'élève, une nuit dans la chaîne des nuits. Elle ne porte aucune date ; elle n'éveille aucun souvenir ; elle ne se rattache à aucune pensée ; on dirait qu'elle est, au-dessus même de la raison, la manifestation de l'éternel. Nous ne nous demandons plus si elle est une réalité ou un rêve, car c'est une réalité si étrangère à notre action individuelle et à notre existence mesquine qu'elle est, pour nous, comme un rêve ; et c'est un songe si plein d'émotion délicieuse qu'il est l'équivalent de la réalité.

Étude de nuages

De façon ou d'autre, la lumière s'est adaptée, pour poursuivre son chemin, au milieu épais qu'elle doit traverser ; c'est qu'elle en a tout d'abord subi la loi propre ; et il est bien probable que cette adaptation première lui permet, non d'éviter tous les chocs, mais d'y résister ; non d'échapper à tous les mouvements des particules à travers lesquelles elle voyage, mais de s'harmoniser à ces mouvements, de les respecter et d'en être respectée ; le rayon qui traverse le nuage n'est pas ainsi un étranger qui passe au plus vite, fuyant le danger : il a pris corps au passage dans la nuée ardente qui voile et révèle le soleil ; il en a été un moment l'âme splendide ; et, quand un reflet de pourpre s'allonge dans la plaine et gravit le coteau, ce n'est pas seulement un dernier regard du soleil qui s'en va, c'est aussi une pénétrante et mélancolique caresse de la nuée occidentale à l'horizon ami dont le souffle naissant du soir veut la séparer.

Voici, à mi-hauteur du ciel, un beau nuage dans un ciel pur. Le soleil va se coucher. Le nuage est blanc. À mesure que le soleil baisse, le nuage se revêt d'or ; puis il passe lentement au rouge, puis à une sorte de marron, puis à une sorte de violet, jusqu'à ce qu'il apparaisse noir et comme déchiqueté, dépouillé à la fois de tout éclat et de la forme admirable et douce dont cet éclat l'enveloppait…

Mais, au-dessus du nuage que vous regardiez tout à l'heure, voyez cet autre. Quand le soleil allait se coucher et de ses rayons rasait la plaine, le nuage trop haut restait sombre ; mais, à mesure que le soleil descend et que ses rayons, au lieu d'aller vers l'Orient dans leur course horizontale, se retirent lentement et frappent les hauteurs du ciel, le nuage, à peine atteint d'abord par la clarté, se nuance d'un gris roux, puis passe au marron, puis au rouge, puis se dore et s'illumine, jusqu'à ce qu'enfin sa blancheur légère semble s'élever plus haut encore dans les espaces supérieurs.

Le blé

N'est-ce pas l'homme aussi qui a créé le blé ? Les productions que l'on appelle naturelles ne sont pas pour la plupart – celles du moins qui servent aux besoins de l'homme – l'œuvre spontanée de la nature. Ni le blé, ni la vigne n'existaient avant que quelques hommes, les plus grands des génies inconnus, aient sélectionné et éduqué lentement quelque graminée ou quelque cep sauvage. C'est l'homme qui a deviné, dans je ne sais quelle pauvre graine tremblant au vent des prairies, le trésor futur du froment. C'est l'homme qui a obligé la sève de la terre à condenser sa fine et savoureuse substance dans le grain de blé ou à gonfler le grain de raisin. Les hommes oublieux opposent aujourd'hui ce qu'ils appellent le vin naturel au vin artificiel, les créations de la nature aux combinaisons de la chimie. Il n'y a pas de vin naturel. Le pain et le vin sont un produit du génie de l'homme. La nature elle-même est un merveilleux artifice humain. Sully-Prudhomme a surfait l'œuvre du soleil dans son vers magnifique :

Soleil, père des blés, qui sont pères des races !

L'union de la terre et du soleil n'eût pas suffi à engendrer le blé. Il y a fallu l'intervention de l'homme, de sa pensée inquiète et de sa volonté patiente. Les anciens le savaient lorsqu'ils attribuaient à des dieux, image glorieuse de l'homme, l'invention de la vigne et du blé. Mais, depuis si longtemps, les paysans voient les moissons succéder aux moissons et les blés sortir de la semence que donnèrent les blés ; la création de l'homme s'est si bien incorporée à la terre, elle déborde si largement sur les coteaux et les plaines que les paysans, tombés à la routine, prennent pour un don des forces naturelles l'antique chef-d'œuvre du génie humain.

Et comment, en effet, sans un effort de l'esprit, s'imaginer de façon vivante que cette grande mer des blés qui, depuis des milliers d'années roule ses vagues, se couchant, dorée et chaude en juin, pour redresser en mars son flot verdissant et frais, gonflé encore peu à peu en une magnifique crue d'or, comment s'imaginer que cette grande mer, dont les saisons règlent le flux et le reflux, a sa source lointaine dans l'esprit de l'homme ?

Le nuage et l'oiseau

Lorsque nous suivons des yeux l'oiseau qui, dans l'espace, plane ou bat des ailes, tourne, monte et redescend, ce n'est pas là, pour nous, une vision inerte. Nous sentons, à je ne sais quel frémissement et quel élan intérieur, que nous sommes avec l'oiseau. L'image de son mouvement éveille en nous, à quelque degré, son mouvement même. Je dis en nous, mais ce n'est pas dans notre organisme. Il est bien vrai qu'il pourrait, dans une certaine mesure, mimer le mouvement de l'oiseau. Il y a entre tous les êtres de gauches analogies : nous pourrions battre des bras quand il bat des ailes, nous hausser sur la pointe des pieds et tendre de tout notre corps vers les hauteurs de l'espace, pour nous élever avec lui…

Il est littéralement exact de dire que notre âme vole avec le nuage ou avec l'oiseau. Il ne faut pas dire, avec de faux poètes qui gâtent tout, qu'elle devient l'oiseau, le nuage, car cette expression forcée, au lieu d'abolir tout à fait, comme elle y prétend, notre propre individualité organique, en réveille maladroitement le souvenir. L'âme ne pourrait devenir oiseau qu'à la condition de jouer, dans le corps de l'oiseau, le rôle qu'elle joue dans son propre corps. Ainsi, elle ne serait affranchie de son propre organisme que pour être liée et limitée à un organisme étranger. Ce qui fait justement la joie des contemplations poétiques, c'est cette liberté vague de l'âme qui se mêle à toute activité et ne s'emprisonne dans aucune. Entre le mouvement cérébral qu'éveille en nous la vue des nuages flottants et cette vision elle-même, il y a évidemment une étroite correspondance, par laquelle notre âme est comme mêlée aux nuages. Le mouvement même des nuages ne prend, pour nous, un sens, de la vie, qu'à la condition que notre âme s'y unisse et y répande, en secret, son propre mouvement. On peut donc dire, en ce sens, que c'est le mouvement de notre âme qui fait le mouvement du nuage, comme il fait le mouvement de notre corps. Mais il n'y a pas un rapport organique grossier. C'est dans la sphère purement cérébrale que toutes ces relations se nouent ; et dire que l'âme devient nuage, c'est réveiller l'organisme qui dormait, c'est faire évanouir le charme délicat d'une liberté indéfinie. Mais il reste vrai que le moi n'est plus circonscrit à son propre organisme, que le cerveau, dans l'ordre même du mouvement, est beaucoup plus vaste que notre corps, et contient des richesses que le corps ne suffit point à manifester. Ainsi nous voyons peu à peu le moi s'élargir et déplacer son centre de l'organisme individuel, où il est d'abord comme enfermé, vers la liberté immense du monde.

La couleur fille de la lumière

Pourquoi la couleur ne serait-elle pas un produit de notre sphère ? Pourquoi ne supposerait-elle pas des conditions qui ne soient pas réalisées dans l'indifférence de l'espace infini ? Elle ne se manifeste aux sens qu'à la rencontre de la lumière et de ce qui est essentiellement contraire à la lumière, les corps résistants. Pourquoi donc supposer qu'elle est déjà contenue dans la lumière ? On a la ressource de dire qu'elle s'y cache et qu'elle attend, pour se montrer, que la libre expansion de la clarté rencontre un obstacle. Mais il est permis de penser aussi que ce qui se cache si bien n'existe pas encore ; la couleur est fille de la lumière et de notre monde corporel et lourd. Pourquoi en appesantir la lumière elle-même dans son expansion une et simple à travers l'infini ? Quel sens auraient le vert et le rouge dans les espaces indifférents ? Ici ils résultent de la vie et ils l'expriment dans son rapport avec la lumière ; hors de la sphère vivante, ils n'ont pas de sens...

Par les couleurs, la lumière fait amitié avec notre monde : la couleur est le gage d'union ; la matière pesante peut enrichir l'impondérable en manifestant d'une manière éclatante ce qui se dérobait en lui ; l'obscurité, en faisant sortir les couleurs de la lumière, lui vaut, dans notre sphère, un joyeux triomphe ; et la lumière en même temps, en s'unissant à la matière pesante dans la couleur, l'allège et l'idéalise : rien ne demeure stérile ; tout fait œuvre de beauté. Les molécules dispersées dans l'air nous donnent les splendeurs du couchant ; l'obscurité infinie des espaces vides, se répandant dans la clarté du jour, l'adoucit en une charmante teinte bleue ; le mystère même de la nuit et la brutalité de la lumière, saisis au travers l'un de l'autre et l'un dans l'autre, conspirent à une merveilleuse douceur : le jour manifeste la nuit ; car, plus la lumière est abondante et pure, plus le ciel est profond, et plus le regard devine l'immensité des espaces qui sont au delà ; et le soir, quand le voile de clarté tombe pour laisser voir la nuit à découvert, on la trouverait bien vulgaire et bien triste, si elle ne s'emplissait lentement d'un autre mystère.

Devenue expressive dans la couleur, la lumière s'est rapprochée du son : elle peut concourir avec lui à manifester l'âme des choses ; tandis qu'un son qui s'élèverait dans la pure clarté serait comme une voix dans le désert, sans rien qui la soutienne ou lui réponde, les sonorités du monde s'harmonisent à ses splendeurs. La magnificence ou la tristesse des teintes correspond à la plénitude joyeuse ou à la douceur voilée des sons : la lumière, dans sa lutte et son union avec l'obscurité, est devenue dramatique, et elle s'accorde avec un monde où tout est action ; l'ombre, en pénétrant dans la clarté, y a glissé d'intimes trésors de mélancolie que le bleu pâlissant du soir communique à l'âme, et la sérénité impassible de la clarté pure est devenue, au contact de l'ombre qu'elle dissipe en s'y transformant, quelque chose de plus humain, la joie.

Dans le bleu

L'effort de la lumière pour percer l'obstacle s'exprime par le rayon jaune et lui donne un sens ; l'effort de l'ombre pour venir à nous à travers la lumière, en l'adoucissant et en s'y égayant, s'exprime par le rayon bleu.

Il serait singulier, en effet, que la lumière bleue se manifestât toujours quand un fond obscur est vu à travers la clarté, et que ce fait-là n'eût point de signification. Quand un vase d'eau claire est posé sur un fond noir, l'eau paraît bleuâtre. Dans les rayonnantes journées d'été, l'ombre portée sur un mur blanc, vu à distance, semble bleue : les montagnes noires, à mesure qu'on s'en éloigne par un beau temps, bleuissent ; et lorsque, au couchant, un nuage sombre, voisin du soleil, au lieu de s'interposer entre lui et nous, reçoit à sa surface les rayons glissants, il apparaît d'un bleu admirable et il se confond avec le bleu même du ciel ; si bien que, quand le soleil se cache et que le prestige s'évanouit, l'œil est étonné de trouver un pesant nuage là où il n'avait cru rencontrer que la pureté profonde de l'air. Le ciel qui, la nuit, quand il n'est éclairé que par les étoiles, est noir, vu à travers la lumière du soleil, apparaît bleu. Ainsi toutes les grandes manifestations de la couleur bleue sont liées aux mêmes conditions ; est-ce là un fait fortuit ? Le bleu, comme pour bien marquer son rapport à l'obscur, confine au noir et au gris par une multitude de degrés. Le soir, une partie du ciel est déjà noire qu'une autre partie est encore bleue ; et il semble au regard qui en fait le tour qu'il passe seulement d'un bleu plus clair à un bleu plus sombre. À mesure qu'on s'élève en ballon vers les hauteurs du ciel, le bleu est plus sombre et plus voisin du noir.

Sous les étoiles

La prairie où reluisent les brins d'herbe et les fleurs semble, dans les jours d'été, je ne sais quelle couche plus épaisse et plus grasse de clarté déposée tout au fond d'un océan infini de lumière subtile. De même, dans les nuits baignées de lune, les étoiles sont comme des gouttes de lumière concentrée en un lac de limpidité légère.

La musique éternelle

Les premières herbes qui, sur la terre verdissante, ont ondulé et frémi ne savaient pas qu'elles livraient le tressaillement secret de leur vie à une douce puissance qui le répandrait au loin. Oh ! sans doute, elles avaient je ne sais quel besoin obscur de communication et d'expansion, et c'est là l'âme du son ; mais ce besoin même, comment l'auraient-elles connu, si elles ne s'étaient senties comme enveloppées d'influences amies, et si le premier souffle passant sur elles n'avait associé leur frisson au frisson de l'espace ? Les premiers êtres qui, connaissant la joie, la douleur, l'amour, ont crié, murmuré ou chanté, cédaient aussi à un besoin intime et profond de communication ; et c'est sous l'action presque aveugle de ce besoin que leur organisme vibrait à l'unisson de leur âme, et ébranlait le dehors à l'image du dedans. Mais si cette vibration presque involontaire de leur organisme n'était pas pour eux, sans qu'ils s'y attendissent, devenue un son, s'ils n'avaient pas senti soudain que leur âme prenait une voix pour solliciter dans l'espace profond les autres âmes, ils se seraient bientôt resserrés et étouffés en eux-mêmes. Ils ont dû s'étonner de leur cri en y retrouvant leur âme. Il a dû leur sembler qu'une puissance mystérieuse recueillait leurs douleurs ou leurs joies tout au sortir de leur âme pour leur prêter une voix. Oui, vraiment, avant qu'aucune voix sortît des êtres, il y avait la Voix, la voix mystérieuse, la voix muette qui attendait, pour appeler, pleurer, chanter, les confidences des vivants. Dans les sphères destinées à la vie, le silence universel était déjà plein de cette voix, et, en s'éveillant, les vivants l'ont éveillée. Voix sublime et familière qui ne vient pas des êtres, mais qui se fait toute à eux ; elle traduit si bien leur âme qu'elle a l'air d'en venir : oiseau divin qui semble éclore de tous les nids, parce qu'il en sait prendre la forme.

Avant la naissance des organismes sur notre planète, l'atmosphère était animée par les grands souffles, par le clapotement infini des vagues sur les grèves. Ainsi les vivants ont été, dès le début, bercés par une sorte d'harmonie immense et indistincte, et s'ils ont crié, soupiré, chanté, c'était pour répondre à l'espace frissonnant qui leur parlait. Les innombrables petites bêtes des champs se seraient tues depuis des milliers d'années, si elles n'avaient été comme provoquées par la musique éternelle et secrète qui flotte dans l'espace autour des vivants, et, de même que les éléments subtils qui s'évaporent des plantes se convertissent en rosée dans la fraîcheur des nuits sereines, les vagues tendresses qui montent des êtres se convertissent en harmonies dans la douceur des nuits musicales.

Tambour et violoncelle

Avant d'entendre par l'oreille, les êtres ont dû entendre par le corps tout entier : ils ont dû percevoir d'abord les grands bruits sourds de la mer ou de la foudre et confondre leur première perception vague du son avec l'ébranlement total de leur masse. Je crois donc que c'est par les graves que les êtres ont débuté dans l'échelle des sons. Aujourd'hui encore, ce n'est pas en criant des notes aiguës qu'on se fait entendre le mieux de ceux qui commencent à devenir sourds, mais, au contraire, en émettant avec une certaine force des notes graves ou moyennes. Ce qui donne quelque chose de puissant au roulement sourd du tambour, c'est qu'il semble que nous ne l'entendons pas seulement avec nos oreilles, mais qu'il résonne aussi dans nos entrailles. Les bruits aigus, au contraire, n'affectent que l'ouïe proprement dite et, si l'on peut dire, l'extrémité de l'ouïe. Ils sont aigus, en effet, car ils entrent dans l'organisme et dans la conscience comme une pointe ; et les sons graves sont graves, en effet, c'est-à-dire pesants, par leur accord avec la masse de l'organisme. Ils semblent contracter la pesanteur de la matière. Voilà comment les sons aigus traduisent ce qu'il y a de plus excité et de plus subtil au sommet de l'âme, l'appel de Marguerite défaillante aux anges purs qui vont l'enlever au ciel. Et les notes graves, au contraire, traduisent ce fanatisme des huguenots lourd, compact, qui n'est pas fait d'élan passionné ou subtil, mais qui est la pesée continue d'une idée forte sur l'être tout entier. Les sons élevés nous détachent de nous-mêmes, ou, plutôt, il semble qu'ils détachent de nous une partie de nous-mêmes. Quand j'entends exécuter, sur le violon, certains morceaux très élevés, il me semble qu'une partie de moi-même, la plus extrême, la plus subtile, est remuée, et que l'autre partie écoute. On dirait un de ces souffles étranges qui laissent immobile l'arbre presque tout entier et qui ne font vibrer qu'une feuille à la pointe du plus haut rameau. De là, à écouter ces morceaux, une sorte de curiosité inquiète d'abord, et, bientôt, d'indifférence. Au contraire, le violoncelle nous prend soudain aux entrailles, et l'on dirait qu'il ébranle, d'un coup d'archet, les assises mêmes de notre vie.

Si Orphée n'avait joué sur sa lyre que des morceaux aigus, il aurait laissé indifférents les rochers et les grands arbres : il a dû préluder par des notes graves. Ainsi il a pris d'emblée la terre aux entrailles, il a ébranlé les roches profondes et fait frissonner les chênes jusqu'à la racine. Et, s'il est vrai qu'il ait pu bâtir des villes, il n'a dû se servir des notes aiguës que pour exciter les pierres légères jusqu'à la pointe des hautes tours.

La voix des choses

Même pour la conscience superficielle, le son contient évidemment quelque chose des existences qu'il traduit. Le son pesant et large de la cloche met en nous un moment l'âme lente et lourde du métal ébranlé. Et, au contraire, j'imagine qu'à entendre, sans en avoir jamais vu, un verre de cristal, nous nous figurerions je ne sais quoi de délicat et de pur. Le bruit mélancolique, monotone et puissant d'une chute d'eau traduit bien à l'oreille cette sorte d'existence confuse du fleuve où aucune goutte ne peut vivre d'une vie particulière distincte, où tout est entraîné dans le même mouvement et dans la même plainte.

L'âme de la terre

Le son émane bien des êtres eux-mêmes, il sort bien des entrailles de la vie ; mais il exprime surtout les aspirations, les mouvements, les tendances de la vie ; il n'exprime pas la vie elle-même et son travail subtil : je veux dire l'élaboration secrète et continue que la vie fait subir aux éléments que lui fournit la terre. C'est là ce qu'expriment les parfums ; ils nous mettent en relation avec la vie profonde des éléments, épurée, raffinée. Ils versent en nous, à certaines heures, une ivresse de vie, et ils suppriment, si je puis dire, la grossièreté de la terre. Eh quoi ! c'est de la terre grossière que sort le parfum de la rose ? Oui, certes ; et aux premières journées printanières, quand tout est senteur, il semble bien que la terre profonde exhale son âme, et, comme les parfums agissent sur notre vie intérieure, sur nos sentiments et nos pensées mêmes, le divorce hautain de l'esprit et de la terre est un moment aboli.

Rêve étoilé

Je me rappelle qu'un soir, sur ma couchette d'écolier, par la demi-fenêtre qui donnait sur le ciel, je vis dans les profondeurs une petite étoile d'une douceur inexprimable ; je ne voyais qu'elle et il me sembla que toute la tendresse que pouvaient contenir les sphères lointaines, que toute la pitié inconnue, qui répondait peut-être dans l'infini à nos inquiétudes et à nos souffrances, que tous les rêves ingénus et purs qui avaient rayonné des âmes humaines depuis l'origine des temps dans le mystère de la nuit, résumaient leur douceur dans la douceur de l'étoile, et un moment je goûtai jusqu'aux larmes cette amitié fraternelle et mystérieuse de l'âme et de l'espace infini. Puis, peu à peu, et sans qu'aucune pensée précise expliquât ce changement, je sentis comme une rupture étrange. Les profondeurs amies se creusèrent en un abîme d'indifférence et de silence. Je me dis que le foyer de pensée et de poésie juvéniles qui brûlait en moi s'éteindrait sans avoir pu réchauffer ces espaces glacés. Bossuet avait dit : « Allons méditer le silence sacré de la nuit. » Pascal : « Le silence éternel de ces espaces infinis m'effraie. » Tous les deux avaient l'âme chrétienne et je venais de passer en quelques instants de l'expansion de l'un au resserrement de l'autre.

Dans l'espace

Pour moi, je n'ai jamais regardé sans une espèce de vénération l'espace profond et sacré, et lorsque, cheminant le soir, je le contemple, je me dis parfois que tous les hommes, depuis qu'il y a des hommes, ont élargi leur âme en lui, et que si les rêves humains qui s'y sont élevés laissaient derrière eux, comme l'étoile qui fuit, une trace de lumière, une immense et douce lueur d'humanité emplirait soudain le ciel. Mais, en même temps, je me dis que, si l'espace a ainsi toujours sollicité les pensées humaines, c'est qu'il les élève à l'infini ; il est comme un miroir d'infinité où nos pensées ne peuvent se réfléchir sans s'étonner soudain de se voir infinies. Or, cette infinité, il ne la tient pas de lui-même ; il l'emprunte de l'être que la raison seule peut saisir, que l'âme seule peut pénétrer, et c'est ainsi que l'âme, en s'abandonnant à l'espace, ne se livre pas sans retour. Par l'infini de l'étendue, elle revient au véritable infini, c'est-à-dire, au fond, à elle-même. Oh ! j'aimerais que l'esprit humain gravît de nouveau ces hauts sommets de l'Inde et ces sommets divins de la Grèce d'où la sérénité infinie de l'éther apparaissait aux yeux comme une révélation, et je voudrais que de ces sommets il répandît dans l'infini visible, que les premiers hommes adoraient, sa foi dans l'infini invisible. Il y a au Louvre un tout petit et délicieux tableau de l'école italienne qui nous montre une avenue étroite et mystérieuse du paradis ; il y a dans ce tableau un mélange étonnant de naturel et de divin ; les arbres, les nuages, le ciel, ont leur couleur réelle et vraie : c'est la vie. Et pourtant on dirait qu'une lumière épurée, subtile, idéale, pénètre tout et que sous le demi-jour des feuillages un rayon de Dieu s'est mêlé aux rayons adoucis du soleil. Pourquoi de même, dans l'univers immense, ne verrions-nous pas peu à peu, toutes les puissances de l'homme étant réconciliées avec elles-mêmes, la lumière vraie mais brutale du soleil accueillir dans ses rayons la lumière de l'esprit, amie et fraternelle ? Il ne faut pas que le monde des sens fasse obstacle aux clartés de l'esprit : il ne faut pas que les clartés de l'esprit offusquent le monde des sens : il faut que la clarté du dedans et la clarté du dehors se confondent et se pénètrent, et que l'homme hésitant ne discerne plus dans la réalité nouvelle ce que jadis il appelait, de noms en apparence contraires, l'idéal et le réel. Que le monde sera beau lorsque, en regardant à l'extrémité de la prairie le soleil mourir, l'homme sentira, soudain, à un attendrissement étrange de son cœur et de ses yeux, qu'un reflet de la douce lampe de Jésus est mêlé à la lumière apaisée du soir !

Le secret de l'univers

Dans ces profondeurs transparentes de l'espace, qui se prêtent à toutes les formes changeantes de nos rêves et qui sollicitent toutes les aspirations de notre âme, reluit et frissonne le secret même de l'univers. L'invisible devient visible dans cette manifestation à la fois idéale et réelle qu'est l'espace. Trompés par la brutalité et la grossièreté de certains contacts matériels, nous pourrions croire à la brutalité et à la grossièreté de la matière elle-même. L'espace est un rappel immense et permanent à l'idéalité de la matière. Ceux qui contemplent, aiment et comprennent l'espace profond savent, sans s'en douter, ce qu'est la matière. C'est en ce sens nouveau qu'on peut dire : « Les cieux racontent la gloire de Dieu », et les simples, les humbles, quand ils répandent dans la sérénité du soir une âme vivante et bonne, quand ils mêlent doucement leur pensée à l'espace recueilli, lisent sans le savoir, dans l'infini qui est sur leur tête, le secret de la poussière qu'ils foulent aux pieds.

Descente dans l'infini

Dans cette architecture étrange qu'on appelle la matière, nous avons beau descendre vers les fondements, nous ne trouvons point une assiette fixe : les pierres que l'on croyait fondamentales entrent en mouvement ; elles entrent en danse, et c'est sur des tourbillons subtils que repose jusqu'ici l'édifice solide du monde. Mais, descendons plus bas encore, et au-dessous même de l'atome ; l'atome, dit-on, est un tourbillon d'éther ; c'est donc l'éther qui va être la matière première, le substratum définitif de tous les mouvements ; soit, mais l'éther lui-même, dans son apparence d'immuable sérénité, est traversé de mouvements innombrables ; tous les rayonnements de lumière et de chaleur, tous les courants et tous les jets d'électricité et de magnétisme, tous les mouvements qui correspondent dans les corps aux phénomènes de la pesanteur et, dans les composés chimiques, aux phénomènes de l'affinité émeuvent incessamment l'éther ; et appuyer le monde sur l'éther, c'est l'appuyer sur une mer de mouvements immenses et aux vagues toujours remuées. Il faut bien pourtant que les mouvements de l'univers soient les mouvements de quelque chose ; il faut bien qu'il y ait une réalité en mouvement, une substance du mouvement.

Je ne sais pas où il faut s'arrêter ; je ne sais pas s'il faut s'arrêter ou descendre encore.

L'étonnement éternel

L'Infini, en même temps qu'il est la suprême clarté, est le suprême mystère. L'être infini est une inépuisable réponse à une inépuisable question ; Dieu même, en se comprenant comme être et en comprenant tout par soi, s'étonne d'être ; le jour où nous saurions tout, où nous verrions tout, nous aurions mis un terme à notre ignorance, mais point à notre étonnement ; l'étonnement n'est pas seulement à l'origine de la science, il est au bout et, à l'infini, il se confond avec la science elle-même ; l'infini a besoin, pour résister à la négation, de s'affirmer sans cesse, et c'est cette affirmation renouvelée qui renouvelle le monde ; il y a au fond de toute chose un étonnement divin qui met dans la monotonie des matins renaissants une fraîcheur d'aurore première et qui prolonge dans le rêve les perspectives voilées du soir.

Ivresses panthéistes

I. – Il y a des heures où nous éprouvons à fouler la terre une joie tranquille et profonde comme la terre elle-même. Si nous l'enveloppions seulement d'un regard, elle ne serait pas à nous ; mais nous pesons sur elle et elle réagit sur nous ; mais nous pouvons nous coucher sur son sein et nous faire porter par elle, et sentir je ne sais quelles palpitations profondes qui répondent à celles de notre cœur. Que de fois, en cheminant dans les sentiers, à travers champs, je me suis dit tout à coup que c'était la terre que je foulais, que j'étais à elle et qu'elle était à moi ! Et, sans y songer, je ralentissais le pas, parce que ce n'était point la peine de se hâter à sa surface, parce qu'à chaque pas je la sentais et je la possédais tout entière, et que mon âme, si je puis dire, marchait en profondeur. Que de fois aussi, couché au revers d'un fossé, tourné, au déclin du jour, vers l'Orient d'un bleu si doux, je songeais tout à coup que la terre voyageait, que, fuyant la fatigue du jour et les horizons limités du soleil, elle allait d'un élan prodigieux vers la nuit sereine et les horizons illimités, et qu'elle m'y portait avec elle ! Et je sentais dans ma chair aussi bien que dans mon âme, et dans la terre même comme dans ma chair, le frisson de cette course, et je trouvais une douceur étrange à ces espaces bleus qui s'ouvraient devant nous, sans un froissement, sans un pli, sans un murmure. Oh ! combien est plus profonde et plus poignante cette amitié de notre chair et de la terre que l'amitié errante et vague de notre regard et du ciel constellé ! Et comme la nuit étoilée serait moins belle à nos yeux, si nous ne nous sentions pas en même temps liés à la terre, s'il n'y avait pas une sorte de contradiction troublante entre la liberté vague du regard et du rêve, et cette liaison à la terre, dont le cœur déconcerté ne peut dire si elle est dépendance ou amitié !

II. – Quand on dit que la lumière est la joie des yeux, on veut dire qu'elle est la joie du cerveau. La lumière se mêle à cette activité organique vaguement aperçue qui accompagne la pensée, et par suite elle se mêle, d'une manière intime et en quelque sorte organique, avec la pensée elle-même à l'état naissant. Ce n'est pas quand la pensée s'est développée en forme distincte d'idée que la lumière vient à s'unir à elle ; elle la surprend et la pénètre à l'état organique, et elle constitue par là même, dans notre cerveau, un milieu subtil et joyeux où toutes les idées quelles qu'elles soient, où toutes les formes quelles qu'elles soient, se meuvent plus heureuses et plus belles. À la lettre, nos pensées, dans leur milieu cérébral, baignent dans la lumière, et il peut arriver que l'action prolongée de la lumière radieuse et immense, abolissant le sentiment organique spécial à notre cerveau, élargisse un moment notre conscience jusqu'à la confondre avec l'horizon plein de clarté. Il m'est arrivé, après avoir marché longtemps dans la lumière enivrante de l'été, de ne plus me sentir moi-même que comme un lieu de passage de la lumière ; mes yeux me faisaient l'effet de deux arches étranges par où un fleuve de lumière, se développant en moi, submergeait et effaçait peu à peu les limites organiques de ma conscience.

III. – Tous les êtres cherchent leur voie en chantant ou en gémissant. Et les grands souffles qui, le soir, semblent hésiter sous le ciel et demander leur chemin à la forêt sombre sont bien le symbole de toute vie. Au contraire, les astres ont beau être suspendus de proche en proche à un centre idéal et mystérieux ; ils ont beau, subissant des actions et des réactions illimitées, décrire des courbes riches d'infini qu'aucune formule mathématique n'épuisera complètement, ils ne cherchent pas, ils ne tâtonnent pas. Il y a dans leur mouvement une certitude impeccable. Leur aspiration éternelle est éternellement réalisée par la précision des évolutions géométriques. Qu'ont-ils dès lors à raconter ? et qu'ont-ils à nous dire, à nous qui cherchons sans cesse notre voie ? Non, les astres sacrés n'ont pas un frémissement de feuilles inquiètes, et ce n'est pas d'un frisson de forêt que doit s'emplir la nuit étoilée, mais bien de la sérénité de la lumière éternelle.

Et qu'importe aussi que les êtres particuliers d'une sphère ne puissent communiquer directement, par le son, avec les êtres particuliers d'une autre sphère ? Le son est le passage d'une vie dans une autre, la transmission de ce qu'il y a dans les êtres de plus intime et de plus secret ; et cette communication exige, si je puis dire, une parenté étroite et une sorte de mutuelle confiance. Dans l'état de dispersion et de conflit où s'agite la vie, chaque sphère a peine à se comprendre et à se déchiffrer elle-même : ce qui lui viendrait des autres ne serait qu'un vain bruit, et le son y perdrait, sans profit pour les relations des êtres, ce qui fait sa valeur et son charme, je veux dire son intimité. Peut-être, malgré la communauté essentielle de toute vie, les joies et les peines, les mélancolies et les désirs de notre monde paraîtraient-ils bien ridicules et bien chétifs à un autre. Qui sait si les plaintes des arbres, sous le vent, auraient un écho dans les cœurs que cette plainte n'aurait pas bercés ? Aussi chaque sphère enferme-t-elle en soi les secrets les plus profonds de sa vie ; elle se borne aux rapports que met entre elle et les autres la lumière qu'elle leur envoie et qu'elle reçoit ; et, quant au reste, elle s'enveloppe de silence.

Parfois, la nuit, il m'a semblé que je sentais la terre, pleine de bruit, cheminer sous le ciel plein d'étoiles. Les étoiles envoyaient leur clarté jusqu'à nous, à travers toutes les sphères et les pauvres lumières humaines, qui s'échappaient encore des maisons qui ne dormaient pas, quittaient aussi notre sphère et allaient bien loin de nous dans des espaces indifférents. Mais il n'était pas un murmure, pas un souffle, pas une plainte, pas même un cri d'appel vers les étoiles lointaines qui se répandît hors de notre monde dans les espaces étrangers. La terre gardait pour elle toute son âme, et je me réjouissais dans cette intimité, d'une vie plus concentrée et plus ardente, condamnée par ce perpétuel refoulement à une plénitude souffrante et douce, à un besoin d'infini tout intérieur et tout replié.

IV. – En savourant les parfums, les clartés, les formes, les joies intimes, nous nous imprégnons d'être par toutes nos puissances de connaître et de sentir. Il y a, de l'être à ses manifestations changeantes, une merveilleuse réciprocité de services. Si nous ne sentions pas l'être, au fond même des choses les plus subtiles et les plus fuyantes, notre âme se dissoudrait dans la vanité et l'incohérence de ses joies. Il y a, jusque dans la subtibilité du rayon qui se joue, quelque chose de résistant, et si les couleurs et les sons peuvent se compléter dans notre âme par d'étranges et mystérieuses harmonies, c'est que les sons et les couleurs mêlent, dans les profondeurs de l'être, leurs plus secrètes vibrations. Mais, pendant que d'un côté l'être donne ainsi à toutes les manifestations sensibles ce commencement d'unité qui est nécessaire aux choses les plus libres et cette solidité qui est nécessaire aux plus exquises, les manifestations sensibles, à leur tour, communiquent à l'être un ébranlement mystérieux qui leur survit. Rien de précis ne subsiste dans mon âme des belles formes que j'ai admirées, des parfums que j'ai respirés, des splendeurs dont je me suis enivré ; et pourtant, lorsque mon âme, toute vibrante de ces émotions disparues, s'élève jusqu'à l'idée de l'être universel, elle y porte, elle y répand à son insu les frissons multiples qui l'ont traversée ; voilà comment l'idée de l'être n'est point vaine ; c'est que, s'étant répandue en toutes choses, dans les souffles, dans les rayons, dans les parfums, dans les formes, dans les admirations et les naïvetés du cœur, elle a gardé quelque chose de toute chose ; ces profondeurs vagues sont traversées de souffles que l'oreille n'entend pas, de clartés que l'œil ne voit pas, d'élans et de rêves que l'âme ne démêle pas. Toutes les forces du monde et de l'âme sont ainsi dans l'être, mais obscurément et n'ayant plus d'autre forme que celle qui est marquée, pour ainsi dire, par leur plus secrète palpitation. Quand la mer a débordé doucement sur une plage odorante, elle ramène et emporte, non pas les herbes et les fleurs, mais les parfums, et elle roule ces parfums subtils dans son étendue immense. Ainsi fait l'être qui recueille, dans sa plénitude mouvante et vague, toutes les richesses choisies du monde et de l'âme.

V. – Le monde obscur des forces est à la fois très parent de nous et très différent de nous. Je m'explique par là le sentiment étrange que m'inspire le monde visible. Je me pénètre peu à peu de sa vie, de sa forme, de ses couleurs, de ses voix, et je laisse en quelque sorte ses influences entrer doucement en moi. Peu à peu, il me semble que la vie de toutes choses s'agite pour échapper au vague et pour se préciser. Il ne suffit plus au chêne de m'envoyer le bruissement vigoureux de ses rameaux et de ses feuilles. Il ne suffit plus à l'herbe flottante des fossés de caresser mes yeux de ses souples ondulations. Le chêne appelle mon âme ; il voudrait que ma pensée s'enfermât en lui et donnât une netteté plus grande à sa vie diffuse ; et la prairie, qui murmure tout bas au vent du soir, voudrait que mon rêve vînt se mêler au sien pour lui donner je ne sais quelle forme ailée et subtile qui lui permît d'aller plus haut. Les choses semblent souffrir de leur incertitude et envier à la conscience humaine la forme insaisissable de ses songes les plus fugitifs. Mais si l'âme se rend à leur appel, si elle ne les laisse pas à ce vague douloureux et charmant ; si elle réalise, en se substituant à elles, leur aspiration secrète, le charme est aussitôt rompu, et l'univers, si vivant naguère et si animé, paraît immobile et vide, parce que notre âme est seule à le remplir, parce que son essor, arbitrairement aidé par nous, n'a abouti qu'à une imparfaite copie de notre propre conscience. Pour que l'âme puisse s'entretenir avec les choses, il faut que les choses tendent vers l'âme, mais sans y arriver ; il faut que l'âme aille vers les choses, mais sans s'installer en elles ; il faut qu'il y ait entre le monde et nous, avec une impossibilité perpétuelle de se confondre, une perpétuelle tentation de s'unir.

L'âme et Dieu

Je n'ai jamais bien compris, je l'avoue, la comparaison fameuse dans laquelle Kant rapproche la révolution intellectuelle accomplie par lui de la révolution astronomique accomplie par Copernic ; car Copernic a précipité la terre, jusque là immobile, dans le système mouvant de l'infini. Elle n'est donc intelligible et réelle depuis Copernic que par l'infini et celui qui accomplirait, en philosophie, une révolution analogue à celle de Copernic serait celui qui, au lieu de s'appuyer tout d'abord sur le moi présumé immobile, ferait entrer le moi dans le système vivant de la conscience infinie.

Car enfin : ou bien, lorsqu'il soumet les choses à la législation du sujet pensant, Kant entend par là le moi humain, et alors il fait tourner l'infini autour de la terre, il va au rebours de Copernic ; ou bien il entend, par le sujet pensant, la pensée et la conscience absolue, avec ses conditions et ses lois d'unité auxquelles les choses se soumettent ; et alors c'est l'absolu lui-même sous la forme de la conscience et de la pensée ; c'est l'infini, c'est Dieu. Et cela revient à dire tout simplement que c'est autour de Dieu que tourne le monde, que Dieu est le centre véritable de l'univers…

Et aujourd'hui, de même que nous ne pouvons observer l'infini sans la terre et comprendre la terre sans l'infini, nous ne pouvons connaître Dieu sans le moi et comprendre notre moi sans Dieu. Il n'y a pas d'effort d'abstraction qui puisse isoler la terre de l'infini ; il n'en est point qui puisse isoler le moi humain de Dieu. Mais ce n'est pas à un centre physique et grossier d'attraction que la terre est soumise, c'est à un centre idéal et divin qui est présent et agissant en elle, comme il est présent et agissant partout. En sorte que, par sa soumission à l'infini, la terre redevient centre, en un sens plus haut ; elle n'est pas subordonnée à une autre partie du monde ; elle est libre en Dieu et par Dieu. De même, le moi humain ne relève pas de la conscience divine comme d'un autre moi particulier et déterminé. Le moi humain n'est pas la conscience absolue, mais la conscience absolue est en lui comme elle est partout. C'est la superstition philosophique ou religieuse qui fait de Dieu un autre moi particulier et clos, analogue et extérieur au nôtre et dont le nôtre serait esclave, comme c'était la superstition astronomique qui faisait d'une partie du monde, la terre analogue et extérieure aux autres parties du monde, le centre dont tout dépendait. Rendre à l'univers son immensité, c'est affranchir tous les astres qui se meuvent en lui ; rendre à Dieu son immensité, c'est affranchir toutes les consciences qui se meuvent en lui. Dieu est une conscience infinie dont le centre est partout et la circonférence nulle part.

L'insuccès de tous les penseurs qui ont prétendu étudier d'abord le moi sans Dieu ou avant Dieu, et la grossièreté des superstitieux qui font de Dieu je ne sais quel objet matériel et fini, extérieur à la conscience et étranger à l'activité du moi, nous avertissent de ne point séparer le moi et Dieu ; et puisque Dieu s'exprime et se manifeste dans le monde, dans l'espace, dans le mouvement, dans la sensation, il nous faut aussi, pour comprendre la conscience, accepter le monde, expression de Dieu.

ISBN : 978-3-96787-952-0

www.ingramcontent.com/pod-product-compliance
Lightning Source LLC
LaVergne TN
LVHW101935220826
846093LV00009B/464

* 9 7 8 3 9 6 7 8 7 9 5 2 0 *